DéMOCRATIE CHEZ LES INSECTES

DEMOCRACIA ENTRE INSECTOS

DEMOCRACY FOR INSECTS

D1515186

DÉMOCRATIE CHEZ LES INSECTES

Je vote, tu votes, ils décident…

DEMOCRACIA ENTRE INSECTOS

Yo voto, tú votas, ellos deciden…

DEMOCRACY FOR INSECTS

I vote, you vote, they decide…

Auteur : Robert Désilets
Illustration : Hélène Roux

Éditions Véritas Québec

Catalogage avant publication de Bibliothèque et Archives nationales du Québec et Bibliothèque et Archives Canada

Désilets, Robert

Démocratie chez les insectes = Democratia para los insectos = Democracy for insects

Conte illustré.
Texte en français, en espagnol et en anglais.

ISBN 978-2-89571-140-7

I. Désilets, Robert - Démocratie chez les insectes. II. Désilets, Robert - Démocratie chez les insectes. Espagnol.
III. Désilets, Robert - Démocratie chez les insectes. Anglais. IV. Titre. V. Titre : Democratia para los insectos.
VI. Titre : Democracy for insects.

PS8607.E758D45 2015   C843'.6   C2015-940061-9F   PS9607.E758D45 2015

Traduction : **GC Traduction**
Révision : **Thérèse Trudel, François Germain, Ana Maria Zuniga, A-Z World Translation**
Illustrations : **Hélène Roux**
Infographie : **Monique Moisan**
Création de la couverture : **Hélène St-Cyr**

Éditeurs : **LES ÉDITIONS VÉRITAS QUÉBEC**
2555, avenue Havre-des-Îles
Suite 715, Laval, (Québec)
H7W 4R4
Tél. : 450-687-3826
Sites Web : www.editionsveritasquebec.com

Dépôt légal : Bibliothèque et Archives nationales du Québec
                  Bibliothèque et Archives Canada

ISBN Version imprimée   978-2-89571-140-7
          Version numérique 978-2-89571-141-4

« La caricature est un témoin de la démocratie. »

"Todos somos polvo de estrellas"

"We are Stardust."

Tignous[1]

1 Bernard Verlhac, dit Tignous, né le 21 août 1957 à Paris et mort assassiné lors de l'attentat contre Charlie Hebdo du 7 janvier 2015, à Paris, est un caricaturiste et dessinateur de presse français.

GALERIE DES PERSONNAGES

GALERIE DES PERSONNAGES
GALERIE DES PERSONNAGES

Les papillons ouvriers

Fourmaise

Maria

Cigoune

Le docteur fourmique

Michou

Le mille pattes

Sur la Côte-du-Grand-Sablé, quelque part au Québec, une communauté d'insectes vit dans un fossé. Parmi eux, il y a une mouche tellement indiscrète qu'on pourrait l'appeler «la mouche à potins». Elle transforme toute parole en rumeurs, cancans et autres qu'en-dira-t'on. **Michou** est populaire. Humoriste de son métier, elle donne des spectacles sous forme de longs monologues appréciés des insectes de la colonie.

En la Côte-du-Grand-Sablé, en un lugar de Québec, una comunidad de insectos vive en una fosa. Entre ellos, hay una mosca tan indiscreta que se le podría llamar "la mosca chismosa". Esta transforma toda palabra en rumor, chisme y otros que dirán. **Michou** es famosa. Humorista de profesión, esta da espectáculos en forma de largos monólogos apreciados de todos los insectos de la colonia.

On the Côte-du-Grand-Sablé, somewhere in Quebec, a community of insects lives in a ditch. Among them, there is a fly so indiscreet that we could call her "the gossip fly". She transforms everything she hears into rumors, tittle-tattles and other gossips. **Michou** is popular. A comedian by trade, she performs stand-up monologues, much appreciated by the insect colony.

La colporteuse vit dans un sous-bois avec d'autres mouches noires. Tous les matins éclate une dispute entre elles. Qui serait la première à piquer un humain s'aventurant sur leur territoire. Le terrain du fermier **Piquatout** est un endroit fort attrayant. Depuis qu'il ne peut plus épandre d'insecticides dans ses champs, le bon fermier s'est recyclé. Il est entomologiste pour le ministère de l'écologie. Il possède une impressionnante collection d'insectes trouvés dans les environs. Papillons et autres spécimens à six pattes se méfient de monsieur **Piquatout** et de ses pièges tendus ici et là.

La propagadora vive en una maleza con otras moscas negras. Todas las mañanas estalla una polémica entre ellas. Quién será el primero en picar a un humano aventurándose en su territorio. El terreno del granjero **Piquatout** es un lugar muy atractivo. Desde que este ya no puede usar insecticidas en su campo, el buen granjero se ha reciclado. Ahora es entomólogo para el ministerio del medio ambiente. Posee una impresionante colección de insectos encontrados en los alrededores. Mariposas y otros especímenes de 6 patas desconfían del señor **Piquatout** y de sus trampas esparcidas por aquí y por allá.

The gossipmonger lives in the undergrowth with other black flies. Every morning, a fight erupts between them. Who would be the first to sting a human wandering in their territory? The land of farmer **Piquatout** is a very attractive place. Since he can't spread insecticides on his fields anymore, the good farmer had to find something else to do with his time. He became an entomologist for the Ministry of Ecology. He possesses an impressive collection of insects found in the area. Butterflies and other six-legged specimens are wary of Mister **Piquatout's** traps set here and there.

Les Québécois viennent d'élire un gouvernement vert, ce qui fait réfléchir les insectes du Grand Fossé. Ils décident de se doter d'un conseil municipal pour garantir leur avenir, qui se résume il faut l'avouer, à survivre au jour le jour. Une double question se pose alors : pourquoi et surtout pour qui voter ?

Les premières candidates à se présenter dans la course sont les fourmis. D'emblée, on juge bon d'élire comme mairesse nulle autre que **Fourmaise**, la terrible contremaîtresse de la principale fourmilière. Malgré son profil antipathique et sa mauvaise réputation, elle réussit à se rallier la majorité des électeurs.

Los quebequenses acaban de elegir un gobierno verde, lo cual hace reflexionar a los insectos de la Gran Fosa. Estos deciden dotarse de un consejo municipal para garantizar su porvenir el cual, hay que confesar, que se resume a sobrevivir el día a día. Una doble pregunta se impone entonces ¿por qué y sobre todo por quién votar?

Los primeros candidatos a presentarse a la carrera son las hormigas. De entrada, se considera apropiado el elegir como alcaldesa nada más y nada menos que a Fourmaise, la terrible capataz de la hormiguera principal. A pesar de su perfil antipático y su mala reputación, esta logra ganarse a la mayoría de los electores.

Los quebequenses acaban de elegir un gobierno verde, lo cual hace reflexionar a los insectos de la Gran Fosa. Estos deciden dotarse de un consejo municipal para garantizar su porvenir el cual, hay que confesar, que se resume a sobrevivir el día a día. Una doble pregunta se impone entonces ¿por qué y sobre todo por quién votar?

The first candidates to run for election are the ants. From the get go, it is decided to elect as mayor, none other than **Fourmaise**, the terrible forewoman of the main anthill. Despite her unpleasant profile and bad reputation, she was able to win over the majority of voters.

On soupçonne qu'elle ait accepté un pot-de-vin de la part de la reine des fourmis elle-même, en échange de quoi elle contraindrait les fourmis-ouvrières à travailler au salaire minimum. La reine trouve ses sujettes un peu trop gourmandes du temps consacré aux pauses syndicales, au détriment des soins à apporter aux larves de la fourmilière. Même si cette prétention s'avérait fondée, qui oserait la dénoncer ? Nul ne souhaite affronter le regard pétrifiant de **Fourmaise** qui s'est adjugé tous les pouvoirs et qui s'apprête à changer l'ordre des choses pourtant bien établi dans la communauté, quitte à bousculer certaines traditions. Elle est prête à tout pour arriver à ses fins.

Se le sospecha de haberse dejado sobornar por la reina de las hormigas en persona, a cambio de lo cual ella obligaría a las hormigas obreras a trabajar al salario mínimo. La reina encuentra a sus súbditas demasiado apegadas al tiempo consagrado a las pausas sindicales, en detrimento del cuidado de las larvas de la hormiguera. Aún si esta pretensión tuviera fundamento ¿quién osaría denunciarla? Nadie desea afrontar la mirada aterradora de **Fourrmaise**, quién se ha adjudicado todos los poderes y quien se prepara a cambiar el orden de las cosas bien establecidas en la comunidad, aún cuando sea un atropello de ciertas tradiciones. Ella está dispuesta a todo para cumplir sus propósitos.

There are suspicions that she accepted a bribe from the queen ant herself, in exchange for forcing the worker ants to work at minimum wage. The queen finds her subjects a tad too greedy of the time dedicated to union breaks, at the expense of care needed to be provided to the anthill's larvae. Even if this claim happened to be true, who would dare denounce her? No one wishes to face **Fourmaise's** petrifying stare; she, who allocated herself all the power and who is about to change the well-established order of things in the community, even if it means pushing aside certain traditions. She's ready to do whatever it takes to achieve her goals.

La première intervention de **Fourmaise** est d'abolir le syndicat des fourmis ce qui suscite la colère des ouvrières qui se sentent trahies. Après une manif orageuse, on décide de destituer la mairesse avant que son règne ne se transforme en dictature. On lui intente un procès factice où le juge est le docteur **Fourmique**, psychiatre de son métier. Après de brèves délibérations, les jurés sont unanimes : elle est coupable ! L'intraitable juge en chef **Formica** expédie sans ménagement **Fourmaise** en prison où elle pourra repenser son avenir.

La primera intervención de **Fourmaise** es abolir el sindicato de hormigas, lo cual suscita la ira de las obreras, quienes se sienten traicionadas. Tras una manifestación tempestuosa, se decide destituir a la alcaldesa antes de que su reino se transforme en dictadura. Se le hace un juicio ficticio en el cual el juez es el doctor **Fourmique**, psiquiatra de profesión. Después de breves deliberaciones, el jurado es unánime, ¡ella es culpable! El intratable juez **Fourmique** sin el menor miramiento, manda a **Fourmaise** a la prisión donde podrá reflexionar sobre su futuro.

Fourmaise's first amendment is to abolish the ant union, provoking the anger of the workers, who feel betrayed. After a stormy protest, it was decided to dismiss the mayor of her functions

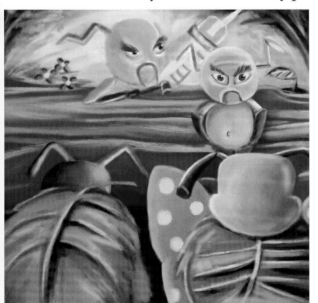

before her reign turns into dictatorship. A bogus trial is filed against her where the judge is Dr. **Fourmique**, psychiatrist by trade. After short deliberations, the jury is unanimous: she is guilty! The uncompromising Chief Justice **Formica** bluntly sends **Fourmaise** to jail where she'll be able to think over her future.

Ainsi les insectes croient-ils s'être débarrassés pour de bon de la mairesse au règne éphémère. Ils ne sont pas au bout de leurs peines. On convoque les électeurs pour une deuxième élection ! Les secondes à se présenter sont les abeilles qui moussent tellement bien la candidature de leur reine **Maria** que celle-ci est élue par acclamation !

Así pues, los insectos creen haberse deshecho para siempre de la alcaldesa del reino efímero. No han llegado al cabo de sus dificultades. Se convoca a los electores ¡a una segunda elección! Las segundas a presentarse son las abejas quienes adulan tanto la candidatura de su reina **María** que termina por ser elegida por aclamación.

Thus, the insects believe to be ridden of the mayor with a short-lived reign, for good. They may be in for a surprise! Voters are summoned for a second election! The 2nd to run as candidates are the bee. They do such a good job promoting the candidacy of their queen **Maria** that she is elected by acclamation!

La reine-mairesse tente de mettre de l'ordre dans la distribution des vivres pour sa communauté durement touchée par une récente tempête de grêle ; mais elle n'a aucune notion d'administration, n'ayant passé toute sa vie qu'à pondre des œufs. La nouvelle élue forme un cabinet uniquement d'abeilles provenant de sa ponte personnelle, ce qui provoque de la jalousie chez ses consœurs. Mais quand elle décide de faire passer les larves de sa propre ruche avant celles des autres, elle soulève un tollé de protestations.

Le reina alcaldesa trata de imponer el orden en la distribución de las provisiones para su comunidad, duramente afectada por una reciente tormenta de granizo, pero esta no tiene la menor noción de administración, habiéndose pasado la vida poniendo huevos. La recién elegida forma un gabinete compuesto únicamente de abejas provenientes de su puesta personal, lo cual provoca grandes celos entre las colegas. Pero, cuando esta decide pasar a las larvas de su propio panal por encima de las de las otras, se levanta un clamor de protesta.

The mayor-queen attempts to put some order in the distribution of supplies for her community, severely hit by a recent hailstorm: but she has no knowledge whatsoever about administration, as she spent her entire life laying eggs. The newly elected forms a cabinet made up solely of her own offsprings, provoking jealousy within the other bees. When she decides to put her own hive's larvae before the others, she raises a public outcry.

Les dissensions sont telles que la communauté est au bord du chaos. Les fourmis crient au népotisme, les guêpes à l'injustice. Seuls les papillons n'ont pas d'opinion. **Maria** sera destituée à son tour après seulement quelques heures de règne.

Soudain, venant du boisé derrière le champ de monsieur **Piquatout**, un essaim de mouches noires envahit le fossé. Les mouches proposent aux insectes désorganisés une élection plus transparente, avec comme mairesse nulle autre que **Michou**, la raconteuse d'histoires à dormir debout ! Tous les insectes sont désabusés. Cette fois, peu iront voter.

Las desavenencias son tales, que la comunidad está al borde del caos. Las hormigas claman contra el nepotismo, las abejas contra la injusticia. Solo las mariposas no tienen opinión. **María** será destituida también tras solo unas horas de reino.

De repente, desde el bosque situado detrás del campo del señor **Piquatout**, un enjambre de moscas negras invade la fosa. Las moscas proponen a los insectos desorganizados una elección más transparente, con nada más y nada menos que **Michou** como alcaldesa, la chismosa propagadora de historias completamente absurdas. Todos los insectos están desengañados. Esta vez, pocos irán a votar.

Dissension is such that the community is on the edge of chaos. Ants call for nepotism; wasps for injustice. Only the butterflies have no opinion. **Maria** will also be destituted after only a few hours of reign.

Suddenly, coming from the woods behind **Mr. Piquatout's** field, a swarm of black flies invades the ditch. The flies suggest to the disorganized insects a more transparent election, with none other than **Michou**, teller of all tales, for mayor! The insects are all disillusioned. This time, few will vote.

Malgré une conduite amoureuse douteuse, la populaire humoriste sait choisir les mots pour s'attirer la majorité des électeurs. Prête à convaincre les plus récalcitrants, elle se lance dans un discours-fleuve qui a pour effet d'hypnotiser ses électeurs. Le jour du scrutin, tous ceux qui ont entendu le monologue de **Michou** votent machinalement pour elle en allant jusqu'à lui pardonner ses écarts de langage.

A pesar de una conducta amorosa dudosa, la popular humorista sabe escoger las palabras para ganarse a la mayoría de los electores. Dispuesta a convencer a los más recalcitrantes, esta se lanza en un torrencial discurso que termina por hipnotizar a los electores. El día del voto, todos aquellos que habían oído el monólogo de **Michou**, votan maquinalmente por ella, inclusive perdonándole sus vulgaridades.

Despite a questionable flirtatious behavior, the popular comedian knows how to choose her words wisely to rally a majority of voters. Ready to convince the most stubborn, she throws herself into an interminable speech that has a hypnotizing effect on her electors. On Election Day, everyone who heard **Michou's** monologue mechanically vote for her, going as far as forgiving her inappropriate language.

C'est par la force des mots que **Michou** s'est imposée. La question que se posent maintenant les membres de la communauté récemment éprouvée par l'affaire de la mante religieuse **Menti**, surnom due au fait que la mante religieuse déforme souvent la vérité, est la suivante : « Est-ce que **Michou** va rester en poste plus longtemps que les deux mairesses précédentes et va-t-elle réussir à calmer la grogne des fourmis-ouvrières ? »

De facto, la première intervention de **Michou** est de rétablir le syndicat des fourmis ; ce en quoi elle commence bien son mandat. Mais qui lui a conseillé de prendre une telle décision ? Nul ne le sait et tous veulent le savoir.

Es gracias al uso persuasivo de sus palabras que **Michou** se impone. La pregunta que se hacen ahora los miembros de la comunidad afectada por el incidente de la mantis religiosa **Menti**, apodo que se le debe al hecho de que la mantis religiosa deforma a menudo la verdad, es la siguiente "¿**Michou** durará en el puesto más tiempo que las alcaldesas anteriores? y ¿logrará calmar el descontento de las hormigas obreras?"

De facto, la primera decisión de **Michou** es restablecer el sindicato de las hormigas, con lo cual comienza bien su mandato. Pero, ¿quién le aconsejó tomar esa decisión? Nadie sabe y todos quieren saber.

It is through the power of words that **Michou** was able to impose herself. The question that members of the community, recently shaken by the case of **Menti** the praying mantis (so named because the praying mantis often twists the trut), is the following: "Will **Michou** remain in power longer than the two previous mayors and will she be able to appease the working discontentment of the worker ants?"

De facto, **Michou's** first amendment is to reinstate the ant union; that decision starts her term on the right foot. But who advised her to make such a decision? Nobody knows but everybody sure would like to!

Après avoir gagné la confiance des fourmis mécontentes, **Michou** nomme à la tête de la fourmilière le controversé docteur **Fourmique** qui avait favorisé l'élection de **Fourmaise** avant d'expédier cette dernière au cachot pour ensuite rejoindre le camp adverse. On doute de son impartialité. Quoi qu'il en soit, la nouvelle mairesse-humoriste s'est entourée uniquement d'artistes, histoire de ne pas se sentir trop dépaysée. Toutefois, ne devrait-elle pas confier à plus discrète que la cigale **Cigoune**, nommée secrétaire particulière, la tache de garder secrètes les décisions prises par son conseil ? L'avenir de cette proposition mérite réflexion…

Después de haberse ganado la confianza de las hormigas descontentas, **Michou** elige para encabezar el gobierno de la hormiguera, nada más y nada menos que al controvertido **Fourmique**, quien había favorecido la elección de **Fourmaise** antes de mandarla al calabozo para luego unirse al partido opuesto. Se duda de su imparcialidad. De todos modos, la nueva alcaldesa-humorista se ha rodeado únicamente de artistas, para no sentirse muy desorientada. Sin embargo, ¿no debería esta confiarle la tarea de conservar secretas las decisiones del consejo a alguien más discreta que la cigarra **Cigoune**, nombrada ¿secretaria particular? El futuro de dicha propuesta merece reflexión…

After gaining the trust of the disgruntled ants, **Michou** nominates, as head of the anthill, the controversial **Dr. Fourmique**; the one who favored the election of **Fourmaise** before sending her to prison and then joined the opposite camp. Her objectivity is questioned. Be that as it may, the new mayor-comedian solely surrounded herself with artists, so she wouldn't feel too disoriented. However, shouldn't she give the task of keeping the decisions taken by her board secret to someone more discreet than the cicada **Cigoune**, who she nominated as Private Secretary? One may wish to reflect on the outcome of this proposition…

Avec le rétablissement de leur syndicat, les grandes gagnantes sont certes les fourmis. Enhardie par ce premier succès, **Michou** veut maintenant se rallier les mouches qui n'ont pas voté pour elle. Ces dernières connaissent trop bien la nouvelle mairesse pour savoir, que la plupart du temps, **Michou** parle à travers son chapeau…

Elles se rappellent les engagements pris par la raconteuse d'histoires à n'en plus finir. Si l'insatisfaction était grande sous la poigne de l'impitoyable **Fourmaise** et si la menace d'une société monarchique a été écartée avec l'éviction de l'incapable reine des abeilles, nos insectes sont-ils pour autant au bout de leurs peines ?

Con el restablecimiento de su sindicato, las principales beneficiadas son sin duda las hormigas. Animada por ese primer éxito, **Michou** quiere ahora ganarse a las moscas que no votaron por ella. Estas conocen demasiado bien a la nueva alcaldesa para saber que, la mayoría del tiempo, **Michou** habla sin saber…

Estas se acuerdan de los compromisos sin fin contraídos por la cuentista. Si la insatisfacción era grande bajo el yugo de la despiadada **Fourmaise** y si la amenaza de una sociedad monárquica fue eliminada con la expulsión de la incapaz reina de las abejas, ¿nuestros insectos habrán llegado al final de sus penas?

With the reinstatement of their union, the big winners are definitely the ants. Emboldened by this first success, **Michou** now wants to rally the flies who didn't vote for her. They know the new mayor all too well and are aware that most of the time, **Michou** doesn't know what she's talking about.

They remember the promises made by the teller of all tales. If the dissatisfaction was so well spread under the helm of the ruthless **Fourmaise** and if the threat of a monarchial society was dismissed with the eviction of the incapable queen bee, are the insects' troubles finally over?

Timide au départ, **Michou** ne l'est plus depuis son accession au pouvoir. Va-t-elle conserver l'innocence apparente qu'elle dégageait pendant la campagne électorale ?

Tímida al principio, **Michou** ha dejado de serlo desde su ascensión al poder. ¿Conservará la inocencia aparente que reflejaba durante la campaña electoral?

Although timid at first, **Michou** no longer is since her rise to power. Will she keep the apparent innocence she emanated during the electoral campaign?

Plus le temps passe, plus **Michou** prend son rôle de magistrate à la légère. Paradoxalement, le pouvoir commence à lui monter à la tête. Entourée de fonctionnaires incompétents, elle prend des décisions importantes sans consulter personne sauf la cigale **Cigoune** qui divulgue tout à qui veut bien l'entendre. La nouvelle mairesse prend des décisions controversées aux conséquences imprévisibles comme d'instaurer un péage sur les feuilles de rhubarbe dans le jardin de **Piquatout**. Certaines fourmis n'ont pu se prévaloir de leur droit de passage jusqu'au chantier de la reconstruction d'une fourmilière dévastée par un orage. Elles se retrouvent au chômage et monoparentales de larves orphelines.

Mientras más tiempo pasa, más se nota que **Michou** toma su papel de soberana a la ligera. Paradójicamente, el poder comienza a subírsele a la cabeza. Rodeada de funcionarios incompetentes, esta toma decisiones importantes sin consultarle a nadie salvo a la cigarra **Cigoune** quien lo divulga todo a quien quiere oírlo. La nueva alcaldesa toma decisiones controversiales y de consecuencias imprevisibles como la de instaurar un peaje sobre las hojas de ruibarbo en el jardín de **Piquatout**. Ciertas hormigas no pudieron obtener el derecho de paso hasta la obra de reconstrucción de un hormiguero destruido por una tormenta. Ellas se encuentran desempleadas y monoparentales de larvas huérfanas.

The more time goes by, the more **Michou** takes her role of magistrate lightly. Paradoxically, power begins to get to her head. Surrounded by incompetent officials, she makes important decisions without consulting anyone other than **Cigoune**, the cicada, who discloses everything to whoever wants to hear it. The new mayor makes controversial decisions with unpredictable outcomes, such as introducing a toll for the rhubarb leaves in **Piquatout's** garden. Some ants were unable to get through in order to access the construction site of an anthill that had been devastated by a storm. They found themselves unemployed and single parents to orphan larvae.

Pendant que **Michou** se met à dos toutes les fourmis, les mouches ne veulent pas se contenter de miettes. Elles forment La Coalition Avenir-Fossé. Elles font signer une pétition où elles demandent plus de transparence dans la gestion des dossiers épineux comme la collecte des ordures. Un gouffre se creuse, après avoir été au départ un simple fossé. Elles réclament un changement d'attitude à leur endroit de la part des autres membres de la communauté. En effet, depuis l'arrivée de **Michou** à la mairie, les mouches subissent du mépris concernant leurs habitudes alimentaires. On le sait, les mouches se nourrissent d'excréments d'animaux, contrairement aux abeilles impeccables de propreté. Comme chaque espèce a une culture, comment concilier les différences ?

Mientras **Michou** se gana el descontento de todas las hormigas, las moscas se niegan a contentarse con migajas. Estas forman la coalición Fosa-Futuro. Comienzan a recoger firmas para una petición en la cual exigen más transparencia en la gestión de los asuntos delicados tales como la colecta de desechos. Un abismo se ha creado en lo que era antes una simple fosa. Estas reclaman un cambio de actitud de la parte de los otros miembros de la comunidad hacia ellas. De hecho, desde que **Michou** llegó a la alcaldía, las moscas sufren el desprecio con respecto a sus hábitos alimenticios. Ya se sabe, las moscas se alimentan de excrementos de animales, contrariamente a las abejas, de una pulcritud impecable. Como cada especie tiene su cultura ¿cómo reconciliar las diferencias ?

While **Michou** is alienating all the ants, the flies don't want to settle for crumbs. They form the Future-Ditch Coalition. They get a petition signed, requesting more transparency in the handling of touchy subjects like collecting trash. A simple ditch turns into a deep chasm. They demand a change of attitude towards them from the other members of the community. Indeed, since **Michou's** arrival at town hall, flies are despised because of their eating habits. We know, flies feed off animal excrements, as opposed to the squeaky clean bees but since each species has a culture, how do we conciliate their differences?

Ces dernières n'ont toujours pas digéré la destitution de leur reine **Maria** qui a encore leur sympathie et pour qui elles préparent un retour en force, excédées par le comportement de **Michou**, la mouche opportuniste qui n'inspire pas le respect réservé à une magistrate. Qu'arrivera-t-il si les fourmis se mettaient en tête de réhabiliter **Fourmaise** à leur tour ? Bref, la lune de miel de **Michou** avec ses électeurs aura été de courte durée.

Estas no han todavía digerido la destitución de su reina **María**, quien disfruta todavía de la simpatía general y para quien están preparando un regreso arrollador, hartas del comportamiento de **Michou**, la mosca oportunista que no inspira el respeto que se le reserva a un dignitario. ¿Qué sucedería si a las hormigas también se les ocurriera restituir a **Fourmaise**? Breve, la luna de miel de **Michou** con sus electores habrá durado poco.

The bees are still fuming after the destitution of their queen **Maria**, who still has their sympathy and for whom they prepare a return-in-strength. They are exasperated by **Michou's** behavior, this opportunistic fly who doesn't command the respect a magistrate is entitled to. What will happen if ants decided to rehabilitate **Fourmaise** as well? To sum it up, **Michou's** honeymoon with her voters will have been short-lived.

Pendant que la tension monte de toutes parts, **Michou** s'empêtre dans ses dossiers et croule sous le poids des responsabilités pendant que sa secrétaire, la cigale, n'arrive plus à classer les documents qui s'accumulent sur son bureau. Sentant venir à nouveau la dépression de la coccinelle missionnaire **Coco**, **Cigoune** donne sa démission que **Michou** reçoit avec consternation.

A medida que la tensión sube de todas partes, **Michou** no deja de confundir los expedientes y se hunde bajo el peso de las responsabilidades, mientras que su secretaria, la cigarra, ya no logra archivar los documentos que se acumulan sobre su escritorio. Sintiendo el regreso de la depresión de la mariquita misionaria **Coco**, **Cigoune** presenta su renuncia a **Michou**, quien la recibe consternada.

With tension rising everywhere, **Michou** is tangled up in her files and crumbles under the weight of her responsibilities, while her secretary, the cicada, can't keep up with the filing accumulating on her desk. Feeling the missionary ladybug, **Coco**, was heading once again into a depression, **Cigoune** hands over her resignation which **Michou** receives with dismay.

◉ Mais **Cigoune**, tu n'étais pas bien traitée dans mon cabinet ?

◉ Ce n'est pas une question de traitement, madame la mairesse. Mon salaire dépassait mes attentes. Ce sont les propos des autres à mon endroit qui m'indisposent.

◉ Si tu arrêtais de répandre des rumeurs aussi…

◉ Pero **Cigoune** ¿no te tratábamos bien en mi gabinete?

◉ No es cuestión de trato, señora alcaldesa. Mi sueldo superaba mis expectativas. Es lo que cuenta la gente sobre mi lo que me indispone.

◉ Si tu también dejaras de chismear…

◉ "But **Cigoune** weren't you well treated in my cabinet?"

◉ "This isn't a matter of treatment, Ms. Mayor. My salary was over my expectations. It's what others have been saying about me that bothers me".

◉ "If you only stopped spreading rumors…"

- Vous-même perdez des appuis dans la communauté qui pourtant vous supportait au départ. Vous faisiez presque l'unanimité.

- Une mairesse est appréciée en fonction des attentes des citoyens ; quelles que puissent être les conséquences de ses décisions.

- Ce que vous ignorez, vous prétendez le savoir et quand on vous pose une question, vous improvisez.

- Usted también está perdiendo el apoyo de la comunidad que al principio la apoyaba. Usted había casi ganado la unanimidad.

- Una alcaldesa es apreciada en función de las expectativas de los ciudadanos, cualesquiera que sean las consecuencias de sus decisiones.

- Usted pretende saber lo que ignora y cuando se le hace una pregunta no hace que improvisar.

- "You too are losing support from the community, who was so supportive of you at the beginning. Your support was unanimous!"

- "A mayor is appreciated according to her citizens' expectations, regardless of the consequences of her decisions."

- "What you ignore, you pretend to know so when you are asked a question, you improvise."

◉ Retenez bien ceci, petite impertinente : toute vérité n'est pas bonne à dire et ce qu'on ignore ne fait pas de tort. Ce qu'on ne sait pas ne fait pas mal !

◉ Mais quand on ignore aveuglément ce qu'il faudrait savoir justement, on s'attire des représailles. Je crains pour votre avenir et celui de notre communauté.

◉ Tu me fais la leçon maintenant ? Tu es ma subalterne et tu me dois respect et obéissance ! Je remets en question ma confiance en toi.

◉ Retenga bien esto pequeña impertinente: no todas las verdades se pueden decir y lo que se ignora no causa daño. ¡Lo que no se sabe no duele!

◉ Pero cuando uno ignora ciegamente lo que debería saber con certeza, uno atrae represalias. Yo temo por su futuro y el de nuestra comunidad.

◉ ¿Tu me estás sermoneando? Tu eres mi subalterna y me debes respeto y obediencia. Estoy comenzando a dudar de ti.

◉ "Keep this in mind, you little insolent: not every bit of truth is fit to be told. Sometimes, ignorance is bliss. What we don't know won't hurt us!"

◉ "Exactly, but when we blindly ignore what we should know, we can expect retaliation. I fear for your future and our community's future as well".

◉ "Now, you're lecturing me? You're my subordinate and you owe me respect and obedience! I'm questioning my trust in you."

- Vous m'accablez de responsabilités qui dépassent mes fonctions. Je ne suis plus capable d'en prendre. Et puis, vous m'interdisez de chanter en travaillant.

- Un hôtel de ville n'est pas une salle de concert.

- Justement, ils me manquent, les concerts et la campagne où j'avais l'habitude de me produire.

- Puisque c'est ainsi : retournes-y à ta campagne et bonne chance !

- Usted me abruma con responsabilidades que van más allá de mis funciones. Ya no soporto más. Y encima, usted me prohíbe cantar mientras trabajo.

- La alcaldía no es una sala de concierto.

- Justamente, me hacen falta los conciertos y el campo donde solía dar espectáculos.

- Pues si es así, ¡regrésate a tu campo y buena suerte!

- "You're overburdening me with responsibilities that are well over my duties. I can't take it anymore. Furthermore, you forbid me to sing while I work!"

- "A town hall isn't a music hall."

- "That's the thing: I miss concerts and the countryside where I used to perform."

- "If that's the case, then go back to your countryside and good luck!"

Pour avoir tenu tête à sa patronne, **Cigoune** se voit expulsée du conseil de ville et du coup **Michou** se retrouve sans conseillère. Vont-elles s'en sortir?

Ce bref échange a quelque peu ébranlé le moral de **Michou** qui se demande si elle est la mairesse qu'elle prétend être, elle qui cherche à projeter une belle image mais qui refuse de changer ses habitudes. Elle se dit qu'elle fait son possible et que si les gens ne l'apprécient pas, elle n'a qu'à les priver de son grand dévouement. Peut-être qu'elle mérite un peu de repos.

Por haber confrontado a su patrona, **Cigoune** es expulsada del ayuntamiento y de repente **Michou** se encuentra sin consejera. ¿Lograrán sobrevivir?

El breve intercambio ha puesto nerviosa a **Michou**, quien se pregunta si es en realidad la alcaldesa que pretende ser, ella que trata siempre de reflejar una buena imagen sin querer cambiar sus costumbres. Ella se dice que está haciendo lo posible y que si la gente no la aprecia solo le queda privarlos de su inmensa dedicación. Quizás se merece un poco de reposo.

Cigoune was expelled from city council for having confronted her boss and all of a sudden, **Michou** found herself without an advisor. Can they get out of this?

That brief exchange somewhat affected **Michou's** morale. She wonders if she is actually the mayor she pretends to be - she who is so focused on projecting a good image of herself, but who refuses to change her habits. She tells herself she's doing the best she can and if people don't appreciate her, she will just have to withhold her grand devotion. Maybe she deserves a little time off.

Elle demande conseil au docteur **Fourmique**. Celui-ci lui signale qu'avec son tempérament soupe au lait et son manque d'organisation, le stress évidemment gagne en importance. Il lui confie que des plaintes circulent dans son dos. Les mécontents lui reprochent le congédiement de **Cigoune** et la précarité financière dans laquelle celle-ci se retrouve. Pour avoir soigné la fourmi **Fourmaise** d'un épuisement professionnel semblable, le bon médecin explique à **Michou**, prescription en main, qu'il lui faudra se distancer de son milieu de travail un certain temps avant que sa santé en soit affectée.

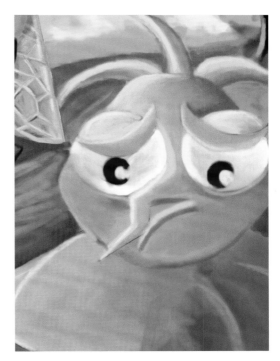

Le pide consejo al doctor **Fourmique**. Este le advierte que con su temperamento explosivo y su falta de organización, el estrés naturalmente aumenta. Él le confía que muchas quejas circulan a sus espaldas. Los descontentos le reprochan el despido de **Cigoune** y la precariedad económica en la cual se encuentra ahora. Por haber tratado a la hormiga **Fourmaise** de un desgaste profesional similar, el buen médico le explica a **Michou**, receta en mano, que deberá retirarse de su medio de trabajo por un cierto tiempo antes de que su salud se vea afectada.

She seeks advice from **Dr. Fourmique**. He warns her that with her labile temper and her lack of organization, stress is increasing. He confides in her that people are talking behind her back. The disgruntled are criticizing her for firing **Cigoune** and blame her for the financial precariousness in which she finds herself. Since he had treated the ant **Fourmaise** for a similar professional burnout, the good doctor explains to **Michou**, with prescription in hand, that she will need to distance herself from her work for a while, otherwise her health would suffer.

Michou prend ce conseil à la lettre. Elle convoque son personnel pour leur annoncer qu'elle part en voyage d'affaires, aux frais des contribuables, pour une mission économique de grande importance. Dans ses valises, elle emporte quelques vieux monologues à succès pour fin de révision, histoire de mieux oublier les tracas de la mairie. Puis, comme si elle avait vraiment rendez-vous, l'irresponsable mairesse redevenue simple mouche s'envole, laissant derrière elle des dossiers incomplets. Elle atterrit dans le fossé, de l'autre côté du champ du fermier **Piquatout**.

Michou acepta el concejo al pie de la letra. Convoca al personal para anunciarles que se va en viaje de negocios, a costa de los contribuyentes, en una misión económica de gran importancia. En sus maletas, se lleva algunos viejos monólogos exitosos para revisarlos, cuestión de olvidar los problemas de la alcaldía. Y, como si realmente tuviera citas, la irresponsable alcaldesa convertida de nuevo en simple mosca, levanta el vuelo dejando atrás expedientes incompletos. Aterriza en la fosa del otro lado del campo del granjero **Piquatout**.

Michou follows the advice to the letter. She summons her staff to announce that she will be leaving on a business trip, at the taxpayers' expense, for an economic mission of great importance. In her luggage, she brings some old successful monologues she can edit in order to help her forget about her mayoral issues. Then, as if she really had a meeting to go to, the irresponsible mayor, becoming a plain little fly again, takes off, leaving behind incomplete files. She lands in the ditch, on the other side of farmer **Piquatout's** field.

Pendant ce temps, de son côté, la cigale **Cigoune** s'apitoie sur son sort.

« C'est injuste. Je faisais mon possible mais elle me demandait l'impossible. Elle criait tout le temps après moi. Je n'avais pas de répit. Et ce docteur **Fourmique**, plus enclin à donner des pilules qu'à écouter les doléances d'une pauvre cigale à bout de nerfs. Et puis ? J'ai reçu mon chèque de départ ? C'est un nouveau départ. Je pars en tournée ! »

Mientras tanto, por su lado, la cigarra **Cigoune** no deja de regodearse en autocompasión.

"Es injusto. Yo hacía todo lo posible pero ella me exigía lo imposible. Me gritaba todo el tiempo. Yo no tenía ningún descanso. Y ese doctor **Fourmique**, más propenso a recetar pastillas que a escuchar las dolencias de una pobre cigarra con los nervios destrozados. Pero espérate, ¿yo recibí un cheque de despido? Es un nuevo comienzo. ¡Me voy de gira!

Meanwhile, cicada **Cigoune**, is feeling sorry for herself.

"It's unfair. I did my best and she asked me for the impossible. She was always screaming at me. I never had time off!" **Dr. Fourmique**, was more inclined to hand over pills than to listen to the grievances of a poor stressed out cicada. "So? I got my severance check? It's a new beginning. I'm going on tour!"

La cigale prend quelques feuilles de musique de ses chansons les plus populaires et s'envole, la guitare en bandoulière, laissant le vent décider de sa direction. Elle atterrit dans le fossé de l'autre côté du champ. Un brouhaha retient son attention. Elle s'approche pour apercevoir une assemblée de fourmis, d'abeilles, de guêpes et de mouches écouter religieusement une raconteuse parler des revers de la vie de magistrate. C'est **Michou** qui se donne en spectacle ! De tous les spectateurs, aucun n'ose mettre en doute ses propos. Envoutés par la voix mélodieuse de la mouche, ils boivent ses paroles comme de l'eau bénite. **Cigoune** se cache entre deux brins d'herbe pour mieux écouter.

La cigarra toma unas cuantas partituras de música de sus canciones más populares y levanta el vuelo, guitarra en bandolera, dejando al viento que decida su trayecto. Aterriza en la fosa del otro lado del campo. Una algarabía le llama la atención. Se acerca para descubrir un grupo de hormigas, abejas, avispas y moscas escuchando religiosamente a una cuentista hablando de los infortunios de la vida de un soberano. ¡Es **Michou** en pleno espectáculo! De todos los espectadores, a ninguno se le ocurre dudar de sus palabras. Hechizados por la voz melodiosa de la mosca, todos beben sus palabras como si fuera agua bendita. **Cigoune** se esconde entre dos briznas de hierba para oírla mejor.

The cicada takes a few music sheets of her most popular songs and flies away, her guitar slung across her shoulder, letting the wind decide of her direction. She lands in the ditch across the field. A hubbub draws her attention. She gets closer and sees a gathering of ants, bees, wasps and flies religiously listening to a storyteller talking about the downsides of life as a magistrate. It's **Michou** performing! Of all the spectators, no one dares to question her speech. Under the spell of the fly's melodious voice, they drink her words like holy water. **Cigoune** hides between two blades of grass to get a better listen.

«*Vous savez, c'est par une majorité écrasante que j'ai été élue mairesse du Grand Fossé. Mais la tâche n'était pas facile car j'ai succédé à deux incapables. Elles m'ont laissé des dossiers bâclés que j'ai dû reprendre moi-même en entier; ce que j'ai fait avec talent et discernement. J'ai mis fin à la circulation d'enveloppes brunes. C'est moi qui ai rétabli le syndicat des fourmis que leur sournoise* **Fourmaise** *avait aboli.*

"*Les diré que fue por una mayoría arrolladora que yo fui elegida alcaldesa de la Gran Fosa. Pero la tarea no era fácil porque yo sucedía a un par de incapaces. Las dos me dejaron expedientes chapuceados que yo tuve que comenzar de nuevo desde el principio, lo cual yo hice con talento y discernimiento. Yo terminé con la corrupción. Fui yo quien restableció el sindicato de las hormigas que su propia y engañosa* **Fourmaise** *había abolido.*

"*You know, I was elected mayor of the Great Ditch by an overwhelming majority. But the task wasn't easy because I succeeded to two incompetents. They left me botched files that I had to take over all by myself; which I did with talent and discernment. I stopped all forms of bribing. It is I who reinstated the ants' union that the devious* **Fourmaise** *had abolished.*

*Et que dire de cette incapable **Maria**. Ah, les abeilles! Je ne suis pas raciste, mais elles prêchent toujours pour leur paroisse. Comment rallier ses opposants à des causes qui vous tiennent à cœur sans froisser leur amour-propre ? Certaines n'y voient qu'une occasion à vous ridiculiser et vous devenez seule à porter le fardeau de vos convictions. Vous en arrivez à vous méfier de vos propres employés.*

*¿Y qué decirles de esa incapaz de **María**? ¡Ah, las abejas! Yo no soy racista, pero ellas solo defienden sus propios intereses. ¿Cómo logra uno interesar a sus opositores en las causas que usted valora sin herir su amor propio? Algunas solo ven una oportunidad de ridiculizarla y usted se encuentra sola cargando el peso de sus convicciones. Usted termina por desconfiar de sus propios empleados.*

*What about this incompetent **Maria**? Ah, the bees! I'm not racist, but they always preach for their own choir. How can we rally her opponents to causes that are dear to our hearts without bruising their ego? Some only see the opportunity to ridicule you and you become the only one carrying the burden of your convictions. You come to be wary of your own employees.*

Prenez cette cigale dont j'avais fait ma secrétaire particulière. J'ai dû la remettre à sa place plus d'une fois. Je lui disais que si elle avait droit à ses opinions, elle devait respecter les miennes aussi. J'étais sa patronne après tout. Mettez-vous à ma place. Elle faisait à sa guise en plus de mal interpréter mes propos. À la fin, je ne reconnaissais plus ce que je disais moi-même. C'est sans compter les rumeurs qui circulaient dans mon dos; des rumeurs sans fondement, il va sans dire. Elle ébruitait à tout venant que mes dossiers n'avançaient pas. Peut-on faire confiance à une telle commère?»

Tomen el caso de esa cigarra, a quien yo convertí en mi secretaria personal. Yo tuve que ponerla en su lugar más de una vez. Yo le decía que aunque ella tuviera sus propias opiniones tenía que respetar también las mías. Después de todo, yo era su patrona. Pónganse en mi lugar. Ella hacía lo que le daba la gana además de interpretar mal mis palabras. Al final, yo ni reconocía lo que yo misma había dicho. Y eso, si contar con los rumores que circulaban a mis espaldas, rumores sin fundamento por supuesto. Ella le contaba a cualquiera que mis expedientes no avanzaban. ¿Puede uno confiar en semejante chismosa?

Take that cicada I had chosen as my Private Secretary. I had to put her back in her place more than once. I would tell her that she was entitled to her opinions but that she had to respect mine as well. I was her boss after all. Put yourself in my position. She did as she liked and misinterpreted my words. By the end, I could barely understand my own words. Let's not mention the rumors going behind my back; unfounded rumors, needless to say. She would tell anyone who would listen that my files weren't progressing. Can we trust such a busybody?"

Cigoune est consternée. « Elle parle de moi comme si j'étais une bonne à rien alors que j'avais mis toute ma confiance en elle. Je croyais même que c'était réciproque. Quelle infamie ! Le pouvoir lui est monté à la tête. Je dois prévenir les autres avant que les choses ne se gâtent. Volons au secours de ma communauté pendant qu'il est encore temps ! »

Cigoune está consternada. "Ella habla de mi como si yo fuera una inútil, yo que le tenía tanta confianza. Yo hasta creía que era recíproco. ¡Que infamia! El poder le subió a la cabeza. Tengo que advertir a los otros antes de que las cosas se deterioren. ¡Volemos al rescate de mi comunidad mientras todavía hay tiempo!"

Cigoune is appalled. "She talks about me like I was useless when I had put all my trust in her. I even thought it was mutual. What an infamy! Power got to her head. I must warn the others before things get worse. I must fly to the rescue of my community while there is still time!"

La cigale regagne l'autre fossé où une autre désagréable surprise l'attendait. Une assemblée se tient près de la mairie avec, à leur tête, le docteur **Fourmique**. Il semble que la fourmi-psychiatre se soit substituée à **Michou** envers qui plus personne n'a confiance. Était-ce donc dans son intérêt personnel qu'il l'a conseillée de partir en voyage ? Dans le fossé, la grogne monte de toute part parmi les électeurs mécontents. Les premiers à prendre la parole sont les papillons-fonctionnaires :

La cigarra regresa al otro lado de la fosa donde otra sorpresa desagradable la espera. Una asamblea está reunida cerca de la alcaldía encabezada por el doctor **Fourmique**. Todo da a pensar que la hormiga psiquiatra ha remplazado a **Michou**, a quien ya nadie le tiene confianza. ¿Entonces, fue por interés personal que él le aconsejó ir de viajes? En la fosa, el descontento sube de todas partes entre los electores disgustados. Las primeras en manifestarse son las mariposas funcionarias:

The cicada reaches the other ditch where another unpleasant surprise was waiting for her. A gathering was taking place near the town hall with at their helm, **Dr. Fourmique**. It seems like the ant-psychiatrist took over for **Michou**, whom no one trusted anymore. Perhaps he advised her to go on a trip for his own benefit? In the ditch, anger is rising amongst the disgruntled voters. The first to talk are the butterfly officials:

◉ Personnellement, nous ne trouvons rien à redire de l'administration municipale actuelle. Pas de faute qu'on pourrait imputer à la mairesse en particulier. **Michou** fait un excellent travail. Elle est présente aux réunions où tout se déroule dans l'ordre et dans la langue de la majorité. Elle ne fait peut-être pas l'unanimité, mais c'est à l'opposition d'y voir. Et puis, n'a-t-elle pas rétabli le syndicat des fourmis?

◉ Elle n'a fait que cela, rétablir le syndicat des fourmis, coupe un doryphore. Pour ce qui est de nos rations de survie : le dossier traîne encore.

◉ Personalmente, nosotras no tenemos nada que decir de la administración municipal actual. Ninguna falta que se le pueda imputar a la alcaldesa. **Michou** hace un excelente trabajo. Está presente en las reuniones donde todo se desenvuelve de manera ordenada y en el idioma de la mayoría. Quizás no sea aceptada por todos pero eso ya es asunto de la oposición. Después de todo ¿no fue ella quien restableció el sindicato de las hormigas?

◉ "Es todo lo que ha hecho, restablecer el sindicato de las hormigas", la interrumpe un escarabajo. "En cuanto a lo de nuestras raciones de comida, el expediente está todavía sin resolver".

◉ "Personally, we have nothing to say against the current city administration and see no fault that could be attributed to the mayor. **Michou's** doing an excellent job.
She attends every meeting and everything plays out smoothly in the language of the majority. She may not be unanimous but it's the opposition's role to see to that. After all, did she not reinstate the ant union?"

◉ That's the only thing she did, reinstating the ant union", interjects a Colorado beetle. "As for our survival rations; the case is still dragging."

🌀 Pourquoi avez-vous destitué **Maria** quand elle était prête à vous les donner, vos fichues rations, critique une sauterelle. Vous lui avez même retiré votre vote. Vous vous plaignez le ventre plein, messieurs les doryphores. Et j'en ai marre des élections. Vous n'en avez pas assez vous aussi ?

🌀 Il y a là un problème sérieux. Notre étang s'assèche, pleure une libellule. Nous allons perdre nos œufs. Il faut faire quelque chose et vite.

🌀 "Porque despidieron ustedes a **María** cuando ella estaba lista para repartirlas, sus malditas raciones", critica un saltamontes. "Ustedes hasta le retiraron su voto. Ustedes se quejan teniendo la barriga llena señores escarabajos. Y yo estoy harto de las elecciones. ¿Ustedes no están hartos también?"

🌀 Hay un problema grave. Nuestro estanque se está secando, dice llorando una libélula. Vamos a perder nuestros huevos. Hay que hacer algo y rápido.

🌀 Why did you destitute **Maria** when she was ready to give you your darn rations", critiques a grasshopper. "You even removed your vote. You are complaining on a full stomach, Mister Colorado beetle, and I'm sick and tired of elections. Haven't you had enough as well?"

🌀 "There's a serious problem there. Our pond is drying up!" cries a dragonfly. "We are going to lose our eggs. We must do something fast!"

On tente de rassurer la libellule, mais il est trop tard ; elle va perdre ses œufs.

◉ Et où est **Michou** ? demande un mille-pattes. Partie monologuer ?

◉ C'est justement ce qu'elle fait de l'autre côté, intervint la cigale. Vous devriez l'entendre me critiquer comme si j'étais une moins que rien. Je me demande ce qu'elle pense de nous tous finalement. Ce que j'ai entendu est révoltant. Si on destitue **Michou** à son tour, qui va la remplacer ? Personne ne veut d'une quatrième élection.

Tratan de tranquilizar a la libélula, pero es demasiado tarde, ella va a perder sus huevos.

◉ "¿Y dónde está **Michou**?" Pregunta un ciempiés. "¿Se fue a monologar?"

◉ "Es justamente lo que está haciendo del otro lado", interviene la cigarra. "Deberían oírla criticarme como si yo fuera una insignificante. Yo me pregunto finalmente lo que ella piensa de todos nosotros. Lo que yo he oído es indignante. Y si destituimos a **Michou** a su vez ¿quién va a remplazarla? Nadie quiere una cuarta elección".

They try to reassure the dragonfly but it's too late; she will lose her eggs

◉ "And where is **Michou**?" asks a centipede. "Gone to do stand-up?"

◉ "That's exactly what she's doing on the other side" intervenes the cicada. "You should hear her bash me like I was worthless. I'm wondering how she truly feels about us after all. What I heard was revolting. If we destitute **Michou** as well, who will replace her? No one wants a fourth election."

⊚ Avons-nous finalement besoin d'une mairie? dit un hanneton. Auparavant, nos litiges se sont toujours réglés à l'amiable. C'est le bordel depuis qu'on a des mairesses toutes plus incapables les unes que les autres. On ne passera quand même pas tout l'été à voter? J'ai autre chose à faire que d'entendre parler de pouvoir tenu par des ingrates.

⊚ "Finalmente ¿necesitamos en realidad una alcaldía?" Dice una oruga. "Antes resolvíamos nuestros litigios amigablemente. Es un desastre desde que tenemos alcaldesas tan incapaces las unas como las otras. No nos vamos a pasar todo el verano votando. Yo tengo muchas cosas que hacer para pasármela oyendo hablar del poder en manos de ingratos.

⊚ "Do we actually need a city council?" says a cockchafer." In the past, our issues were always settled amicably. It's been chaos ever since we've had mayors, each one more incompetent than the other. Are we going to spend the whole summer going to the polls? I have better things to do than listen to people talking about power held by ingrates."

◉ Ingrates, dites-vous ?

On cherche d'où vient cette voix effrayante. Ne voit-on pas venir en boitant, la terrible **Fourmaise** qui s'est échappée de prison en profitant de l'absence de ses gardes venues parlementer avec les autres. Elle est satanique ! Elle se fraye un chemin jusqu'à la tribune pour prendre la parole. Va-t-elle avouer ses torts ? Vient-elle se venger ? Veut-elle renouveler son mandat de mairesse ? Tous les yeux sont rivés sur elle. La vilaine fourmi promène un regard terrifiant sur ses ex-électeurs avant de se lancer dans un discours qui en laisse plus d'un perplexe :

◉ ¿Ingratos dice usted?

Todos buscan tratando de saber de dónde viene esa voz espantosa. Cuando se ve llegar a cojas a la terrible **Fourmaise** quien se ha escapado de la cárcel aprovechando la ausencia de los guardas que han venido a discutir con los otros. ¡Es satánica! Abriéndose camino llega hasta la tribuna para tomar la palabra. ¿Confesará sus errores? ¿Habrá venido a vengarse? ¿Querrá renovar su mandato de alcaldesa? Todos los ojos están puestos sobre ella. La villana hormiga pasea su mirada aterradora sobre sus ex electores antes de lanzarse en un discurso que deja perplejo a más de uno:

◉ Ingrates, you say ?

Where did that scary voice come from? Here comes the terrible **Fourmaise**, limping. She escaped from jail while her guards had gone to join the discussion with the others. She is evil! She makes her way to the tribune to speak. Will she admit to her woes? Is she looking for revenge? Does she want to renew her term as mayor? All eyes are on her. The villainous ant throws a terrifying look at her ex-voters before beginning a speech which left many perplexed.

◉ Alors, les mairesses sont des ingrates ? Peuchère. Quand j'ai accédé à la mairie, ma seule préoccupation était de rendre à mes électeurs la confiance qu'ils m'avaient donnée. J'étais bien intentionnée. J'ai aboli le syndicat des fourmis. C'était une erreur, je l'avoue. Mais cela aurait pu être pire. Dans ma prison, j'ai réfléchi. J'ai appris que tout dirigeant a le potentiel de devenir un dictateur quand il se donne tous les pouvoirs et que le peuple n'y peut plus rien. Vous n'avez alors qu'une envie : augmenter votre pouvoir encore et encore. Vous abandonnez vite vos promesses, impossibles à remplir de toute façon ; l'establishment étant ce qu'il est. Tout cela finit par affecter votre moral, votre équilibre et votre santé mentale. Le hanneton a raison : avons-nous vraiment besoin d'une mairie ? À moins que vous vouliez à nouveau de moi comme mairesse ?

◉ Entonces, ¿las alcaldesas son ingratas? ¡Cielos! Cuando yo entré a la alcaldía mi única preocupación era devolver a mis electores la confianza que me habían entregado. Yo tenía buenas intenciones. Yo abolí el sindicato de las hormigas. Fue un error, lo reconozco. Pero pudo haber sido peor. En la cárcel, yo reflexioné. Y aprendí que todo dirigente tiene el potencial de convertirse en dictador cuando se atribuye todos los poderes sin que el pueblo pueda hacer algo. Usted quiere solo una cosa: aumentar su poder cada vez más. Usted olvida rápidamente sus promesas, imposibles de respetar de todos modos, el sistema siendo como es. Todo eso termina por afectar su estado de ánimo, su equilibrio y su salud mental. La oruga tiene razón: ¿necesitamos en verdad una alcaldía? ¿A menos que quieran que yo vuelva como alcaldesa?

Les insectes reconnaissent dans les propos de **Fourmaise** un élan de sagesse, mais les fourmis ouvrières maintiennent leur allégeance à **Michou**. Les abeilles n'ont pas encore digéré que leur reine ait été écartée du pouvoir. Elles accusent **Fourmaise** de jeter de la poudre aux yeux :

◉ C'est de la frime ! Ne la croyez pas ! Elle n'est pas sincère. Si vous lui redonnez son poste : cela sera pire qu'avant ! Cela sera la dictature comme elle vient d'en parler, crient les abeilles, furieuses. Pourquoi avez-vous renversé notre bonne **Maria** ?

Los insectos reconocen en las palabras de Fourmaise un ímpetu de sabiduría, pero las hormigas obreras permanecen fieles a Michou. Las abejas no han digerido todavía el hecho de que su reina haya sido destituida. Estas acusan Fourmaise de querer echarles arena en los ojos :

◉ "¡Es puro rollo! ¡No le crean! No es sincera. ¡Si le regresan su puesto será peor que antes! Será una dictadura como ella lo acaba de decir". Gritan las abejas, furiosas. "¿Por qué echaron ustedes a nuestra buena **María**?"

◉ "So, all mayors are ingrates? You should be ashamed! When I became mayor, my only preoccupation was to give back to my electors the trust they gave me. I had good intentions. I abolished the ant union. I admit that it was a mistake, but it could've been worse. In jail, I had time to think. I realized that any leader has the potential to become a dictator when he gives himself all the power and renders the people powerless. You become hungry for more and more power. You quickly give up on your promises; they were impossible to fulfill anyway with the establishment being what it is. All this ends up taking a toll on your morale, your balance and your mental health. The cockchafer is right: do we really need a mayor? Unless you want me back again as your mayor?"

◉ Non, non ! clament à leur tour les mouches. Il n'est pas question que **Maria** revienne au pouvoir. C'est **Michou** la meilleure ! C'est grâce à elle que nous vivons dans le meilleur fossé au monde !

◉ Faites-moi taire ces exaltées, crient les scarabées. On n'arrivera jamais à rien si tout le monde tire la couverture de son bord comme cela.

◉ "¡No, no!" claman por su lado las moscas. "De ninguna manera se puede permitir que **María** vuelva al poder. ¡Es **Michou** la mejor! ¡Es gracias a ella que vivimos en la mejor fosa del mundo!"

◉ "Que alguien le cierre la boca a esas histéricas", gritan los escarabajos. "No llegaremos a ningún lado si cada cual se preocupa únicamente de sus intereses."

The insects recognize that **Fourmaise's** words reflect a certain amount of wisdom, but the worker ants maintain their allegiance to **Michou**. The bees still are fuming about their queen having been ousted of her position. They accuse **Fourmaise** of trying to pull the wool over their eyes.

◉ "It's a lie! Don't believe her. She's insincere. If you put her back in her position, it will be worse than before. It will be a dictatorship just like she spoke about" scream the furious bees. "Why did you overturn out our good **Maria**?"

◉ "No, no!" proclaim the flies. "No way should **Maria** come back to power. **Michou** is the best. It's because of her we live in the best ditch in the world!"

Mais les abeilles ne l'entendent pas ainsi. Elles forment un essaim et se mettent à bourdonner tellement fort qu'on n'entend plus rien. Le débat se termine dans l'anarchie. Et que cachait cet amas grouillant d'ailes et de dards menaçants ? **Maria**, la reine-mère, qui fait un retour en force !

Pero las abejas no son de la misma opinión. Forman un enjambre y se ponen a zumbar tan fuerte que nadie oye nada. El debate se termina en pura anarquía. ¿Y qué escondía ese aleteo y ese montón de aguijones amenazadores? **María**, la reina madre, que hace un regreso arrollador.

◉ "Shut those fanatics up!" scream the beetles. "We'll never amount to anything if everyone is only looking out for themselves.

The bees don't hear it that way. They form a swarm and start buzzing so loudly that no one could hear anything anymore. The debate ends in anarchy. And what was hiding in that swarming mass of wings and threatening stings? **Maria**, the queen bee, making her triumphant return!

Du balcon de l'hôtel de ville, perchée sur un jonc, la mairesse déchue tient un discours aussi incohérent qu'inquiétant. Elle est hystérique. Les faux bourdons surveillent, ses gardes du corps aux dépenses démesurées et frauduleuses. On est sur le qui-vive.

☙ Chères électrices, chers électeurs. Vous m'avez élue parce que j'étais de bonne foi et je vous l'ai prouvé par la suite. De toutes celles qui se sont succédé sur ce trône, j'étais la seule à qui le siège convenait.

Desde el balcón de la alcaldía, posada en una rama, la alcaldesa destituida mantiene un discurso tan incoherente como inquietante. Está histérica. Los falsos abejorros, sus guardaespaldas derrochadores y turbios, supervisan. Reina un estado de alerta.

☙ "Queridas electoras, queridos electores. Ustedes me eligieron porque yo actuaba de buena fé y yo se lo probé. De todas aquellas que me sucedieron en este trono yo era la que estaba realmente en su sitio."

From the balcony of town hall, perched on a bulrush, the dethroned mayor delivers a speech that is both incoherent and worrisome. She is hysterical! Her bodyguards, the drones - another excessive and fraudulent expense - are keeping a watchful eye. Everyone is on stand-by.

☙ "Dear voters. You elected me because I was of good faith and I have proven that to you since. Of all of those who won this throne, I was the only one fitting of this seat."

◉ Il y aura un siège justement si vous forcez à nouveau le trône, fausse-mairesse, lance le doryphore.

◉ De l'ordre s'il vous plaît, réclame une libellule. Elle a raison. Des trois que nous avons élues, **Maria** était la plus compétente.

◉ "Justamente habrá un sitio si usted sigue forzando con volver al trono, falsa alcaldesa", lanza el escarabajo.

◉ "Orden por favor", reclama una libélula. "Ella tiene razón. De las tres que elegimos, **María** era la más competente."

◉ "There will indeed be a siege if you once again force your way to the throne, false mayo", says the Colorado beetle

◉ "Order, please!" asks a dragonfly. "She's right. Of the three we have elected, **Maria** was the most competent."

◉ De quoi te mêles-tu ? crie un éphémère de son cocon de mousse. Je gage que tu n'as même pas voté pour elle. Avec toutes ces mairesses d'un jour, vous aviez beau voter pour moi. Ha! Ha! Ha! Vous n'en avez pas marre de ces élections à répétition ?

Mais **Maria** poursuit sur son envolée :

◉ "¿Y tu en que te metes?" Le grita una polilla desde su capullo algodonoso. "Yo apuesto a que tu ni votaste por ella. Con todas esas alcaldesas en un día, ustedes hubieran estado mejor hasta votando por mí. ¡Ha, Ha, Ha! ¿No están hartos de esas elecciones que se repiten?"

Pero **María** sigue en su ímpetu:

◉ "Mind your own business!" shouts a mayfly from her moss cocoon. "I bet you didn't even vote for her. With all those mayors for a day, you should've voted for me. Ha! Ha! Ha! Aren't you tired of these constant elections?"

Maria keeps rambling:

◉ Je ne suis pas une amuseuse publique qui passe son temps à faire rire comme cette **Michou** la vantarde, dépassée par les événements ou à gratter de la guitare comme cette **Cigoune**, cette secrétaire désorganisée.

◉ Incompétente moi ? C'est le bouquet ! s'écrie **Cigoune**. **Michou** ne connaissait rien au travail de bureau. Je devais refaire tout le travail derrière elle. Alors qui est incompétente finalement ?

◉ "Yo no soy una bromista que pasa su tiempo haciendo chistes como esa presumida de **Michou**, desbordada por los eventos, o raspando la guitarra como esa **Cigoune**, esa secretaria desorganizada."

◉ "¿Incompetente yo?! Esto es el colmo!" Exclama **Cigoune**. "**Michou** no sabía nada del trabajo de oficina. Yo tenía que hacerlo todo de nuevo cuando ella terminaba. Entonces ¿quién era la incompetente al final?"

◉ "I'm not a public entertainer who spends her time trying to make people laugh like that bragging **Michou**, so easily overwhelmed. Nor do I pluck the guitar like **Cigoune**, her disorganized secretary".

◉ "Incompetent, me? That's it!" screams **Cigoune**. "**Michou** knew nothing about office work! I had to redo all her work. So, who is the real incompetent here?"

◉ Finalement, tout le monde aurait été meilleure mairesse que toutes les mairesses qu'on a élues, ironise une chenille. Ne tenez-vous pas le même langage que les autres, finalement, **Maria** ?

◉ Voilà un commentaire désobligeant. N'oubliez pas que vous avez affaire à une magistrate ! s'indigne **Maria**.

◉ "Finalmente, todo el mundo hubiera sido mejor alcaldesa que todas las que fueron elegidas", dice con ironía una oruga. "¿Y usted, no tiene le mismo discurso que todas las otras, finalmente **María**?"

◉ "Que comentario tan descortés. ¡No olvide que usted se dirige a una soberana!" Dice indignada **María**.

◉ "Finally, everyone would have been a better mayor than all the mayors we've elected" says a caterpillar, ironically."Aren't you giving the exact same speech as the others did **Maria**?"

◉ "Now, that's a rude comment. Don't forget you're dealing with a magistrate!" says an indignant **Maria**.

- Ou à un prochain dictateur? ose un grillon. **Fourmaise** a au moins le mérite d'avoir été franche. Ce sont les incompétents qui sont les plus nuisibles pour la société. Comme vous, **Maria**!

- Votez pour moi et vous ne serez pas déçus! hurle **Maria**, gagnée par l'hystérie.

- On a voté une fois pour toi et on a été déçus. Le hanneton a raison. Pourquoi ne pas abolir tout simplement la mairie si c'est le seul moyen de retrouver notre tranquillité d'esprit?

- "¿O una futura dictadora?" Se atreve a decir un grillo. "**Fourmaise** tiene por lo menos el mérito de haber sido franca. Los incompetentes son los más perjudiciales para la sociedad. Como usted, **María**!"

- "¡Voten por mí y no serán decepcionados!" Grita **María** poseída por la histeria.

- "Votamos una vez por ti y quedamos decepcionados. El abejorro tiene razón. ¿Por qué no abolir simplemente la alcaldía si es la única manera de recobrar la tranquilidad?"

- "Or to the next dictator?" dares to say a cricket. "At least, **Fourmaise** had the decency of being honest. It is the incompetents which are the most harmful for society. Like you, **Maria**!"

- "Vote for me and you won't be disappointed!" hollers **Maria**, more hysterical than ever.

- "We voted for you once and we were disappointed! The cockchafer is right. Why not simply abolish the town council if it's the only way to get back our peace of mind?"

Mais **Maria** n'écoute plus rien. Son discours s'enflamme :

◉ Je vous promets un avenir meilleur ! C'est grâce à moi que nous vivons dans la plus parfaite harmonie. Pour ce qui est de **Michou** : qu'elle aille moucharder ailleurs. Elle s'est exilée ? Tant mieux ! Qu'elle y reste dans l'autre fossé ! Qu'elle se fasse élire mairesse là-bas si elle y parvient. Je m'en contrefiche. Allons à l'essentiel. Il y va de l'avenir de nos larves ééééééé… »

Pero **María** ya no oye nada. Su discurso se enciende:

◉ ¡Yo les prometo un porvenir mejor! Es gracias a mí que vivimos en la más perfecta harmonía. En cuanto a **Michou**: que se vaya a mosquear a otro lado. ¿Ella no se exiló? ¡Pues mejor! ¡Que se quede en la otra fosa! Que haga elegir alcaldesa por allá si lo logra. Poco me importa. Vayamos a lo esencial. Es cuestión del futuro de nuestras larvas y…

Maria isn't listening anymore. Her speech becomes impassioned:

◉ "I promise you a better future! Thanks to me, we were living in the most perfect harmony. As for **Michou**: she can sneak around elsewhere. She's in exile? Good! She can stay in the other ditch! She can get elected as mayor there if she can. I don't care. Let's get to the point. The future of our larvae is at stake aaaaaaaaan…"

C'est à ce moment que le docteur **Fourmique** arrive par l'arrière du balcon. Il administre à **Maria** une forte dose de tranquillisant. La reine d'évanouit. L'essaim se disperse. Le médecin prend la parole :

Es en ese momento que el doctor **Fourmique** llega por detrás del balcón. Le administra a **María** una fuerte dosis de tranquilizante. La reina se desmaya. El enjambre se dispersa. El médico toma la palabra :

It's at this moment that **Dr. Fourmique** arrived from the back of the balcony. He administers **Maria** a strong dose of tranquilizer. The queen faints. The swarm scatters around. The doctor speaks up :

« Notre **Maria** souffre de mégalomanie. C'est la maladie des grandeurs qu'on peut associer au pouvoir mais qui se guérit. Vous avez une idée de l'humeur des mairesses qui se sont succédé et qui souffraient à peu près toutes de ce grave défaut. Je vous propose de prendre une bonne nuit de repos et d'attendre que la poussière retombe dans le fossé avant de prendre quelque décision que ce soit. Le temps arrange bien les choses et la nuit porte conseil. Pour ce qui est de **Maria**, ne soyez pas inquiet, je m'en occupe avec le plus grand professionnalisme.

La nuit est tombée. Les insectes, blasés, divisés, déçus aussi, vont se coucher.

"Nuestra **María** sufre de megalomanía. Es la enfermedad de la grandeza que se puede asociar al poder pero que se cura. Ustedes ya tienen una idea del estado de ánimo de las alcaldesas que se han sucedido y que sufrían casi todas de esta grave condición. Les propongo que se tomen una buena noche de descanso y esperen que se calmen los ánimos en la fosa antes de tomar cualquier decisión. El tiempo lo resuelve todo y la noche trae consejo. En cuanto a **María**, no estén inquietos, yo voy a ocuparme de ella con el más grande profesionalismo.

La noche ha caído. Los insectos, aburridos, divididos, decepcionados también se van a acostar.

"Our **Maria** suffers from megalomania. It's the disease of grandeur that we can associate to power but it can be treated. You now have an idea of the mood of the mayors that succeeded each other and were almost all suffering of this severe issue. I suggest you all go and get a good night's sleep and let the dust settle in the ditch before making any decisions. Sleep on it as time heals many things. As for **Maria**, don't worry, I'll take care of her with great professionalism".

The night has fallen. The insects, jaded, divided and disappointed, go to bed.

Le lendemain matin, le coq de Monsieur **Piquatout** sonne le réveil pour tous les animaux de la ferme de même que les insectes des deux fossés. Chacun reprend son train-train quotidien en pensant qu'on aurait bien besoin d'un grand spectacle pour oublier les querelles de la veille.

On sait où **Michou** se trouve, mais personne n'est intéressé à aller la chercher dans le fossé concurrent. Reste la cigale. On demande à **Cigoune** si elle veut bien donner un concert dans leur fossé à eux. La canicule étant propice au chant des cigales, **Cigoune** accepte de bon cœur mais en riant dans sa barbe. « Ils ne savent pas ce que je leur réserve… »

La mañana siguiente, el gallo del señor **Piquatout** canta el despertar para todos los animales de la granja como para los insectos de las dos fosas. Cada cual reanuda con su día a día pensando que haría falta un gran espectáculo para olvidar las peleas del día anterior.

Todos saben dónde está **Michou**, pero a nadie le interesa ir a buscarla a la fosa rival. Queda la cigarra. Le preguntan a **Cigoune** si quiere dar un concierto en la fosa. Como la ola de calor es propicia al canto de las cigarras, **Cigoune** acepta con placer pero riendo por dentro. "Ni se imaginan lo que les tengo reservado".

The next morning, **Mr. Piquatout's** rooster signals the wake-up call for all farm animals as well as the insects of both ditches. They resume their daily routines, all the while thinking that a big show would be needed to help them forget yesterday's quarrels.

Everybody knows where **Michou** is but no one show any interest in getting her from the rival ditch. What about the cicada? **Cigoune** is asked if she would like to give a concert in their ditch. The heatwave being favorable to the cicadas' singing, **Cigoune** wholeheartedly accepts, chuckling to herself. "They have no idea what they're in for…"

Au milieu de l'après-midi, les insectes se rassemblent à l'ombre des quenouilles. Les premières à arriver sont les fourmis-ouvrières, heureuses de pouvoir profiter d'un après-midi de congé facilement négocié avec leur nouveau syndicat. Suivent les abeilles désemparées depuis que leur reine est en cure fermée. En fin de parcours se pointent les mouches, sans leur idole **Michou**, toujours officiellement mairesse, mais qui brille par son absence douteuse.

A media tarde, los insectos se reúnen a la sombra de las espigas. Las primeras en llegar son las hormigas obreras, felices de poder disfrutar de una tarde libre negociada fácilmente con su nuevo sindicato. Siguen las abejas, desamparadas desde que su reina está en reposo forzado. Al final se presentan las moscas, sin su ídolo **Michou**, todavía oficialmente alcaldesa, pero quien brilla por su ausencia dudosa.

In the middle of the afternoon, insects gather in the shadow of the distaffs. The first to show up are the worker ants, happy to be able to enjoy an afternoon off, an item easily negotiated by their new union. Next, follow the bees, disheartened since their queen has been locked away in a closed treatment program. Rounding things up, the flies show up, without their idol **Michou**, still officially mayor but conspicuous by her questionable absence.

Le parterre est bondé. On s'attend à beaucoup. Fait inusité, **Cigoune** fait son entrée sur scène sans sa guitare. Au lieu de chanter, elle se lance comme **Michou** le faisait, dans un monologue satirique portant sur la gestion municipale, comme si elle était elle-même mairesse. Mais l'auditoire est las de discours.

El suelo está repleto. Las expectativas son altas. De manera inusual, **Cigoune** entra en escena sin su guitarra. En vez de cantar, esta se lanza, como lo hacía **Michou**, en un monólogo satírico sobre la gestión municipal, como si ella misma fuera la alcaldesa. Pero el público está cansado de discursos.

The floor is crowded. Expectations are high. Unusual fact, **Cigoune** makes her entrance without her guitar, which is quite unusual. Instead of singing, she begins a satirical monologue on city administration, just like **Michou** would have done, as if she, herself, was mayor. But the audience is tired of speeches.

◉ Quand il y en a pour une : il y en a pour deux. S'il y en a pour deux : il y en a aussi pour trois. Si vous comptez vos pattes, nous en sommes à la moitié d'élections encore possibles pour un seul poste. Je prévois que le prochain litige portera sur nos fonds de retraite. Or, nous avons nos torts dans la gestion de nos budgets personnels. N'en portons pas l'odieux sur l'administration municipale et restons solidaires.

◉ La situation est plus critique qu'elle n'en a l'air, dit une coccinelle-comptable.

◉ Cuando hay para una, hay para dos. Si hay para dos, hay también para tres. Si ustedes cuentan sus patas, hemos llegado a la mitad de las elecciones posibles para un solo puesto. Yo pronostico que el próximo litigio tratará de nuestro fondo de retiro. Ahora bien, todos cometemos errores en la gestión de nuestro presupuesto personal. Dejemos de hacerle reproches a la administración municipal y seamos solidarios.

◉ "La situación es más crítica de lo que parece", dice una mariquita contadora.

◉ "Where there's room for one, there's room for two. If there's room for two, there's room for three. If you count your legs, we are halfway through possible elections for one single position. I predict that the next dispute will be about our retirement funds. We have our share of responsibilities in the handling of our personal budgets. Let's not blame the city administration for everything and let's work together."

◉ "The situation is more critical than it looks", says an accountant ladybug.

- C'est la faute aux abeilles, crie le doryphore du fond de la salle.

- Silence ! réclame une sauterelle.

- Dans une démocratie, c'est un devoir d'exercer son droit de vote, poursuit **Cigoune**. C'est même un privilège. Ceux qui n'ont pas voté n'ont pas le droit de chialer. Je ne nommerai personne parce que je ne sortirai pas vivante de cet endroit…

- Assez de discours ! On veut des chansons, crie un papillon monarque.

- "Es culpa de las abejas", grita el escarabajo desde el fondo de la sala.

- "¡Silencio!" Reclama un saltamontes.

- "En una democracia, el ejercer du derecho de voto es un deber", prosigue **Cigoune**. "Es inclusive un privilegio. Los que no votaron no tienen derecho de quejarse. Yo no mencionaré a nadie porque no saldría viva de este lugar"…

- "¡Basta de discursos! Queremos canciones", grita una mariposa monarca.

- "It's the bees' fault!" shouts the Colorado beetle from the back of the room.

- "Silence!", demands a grasshopper.

- "In a democracy, it's a duty to exercise your right of vote", continues **Cigoune**. "I would even add that it is actually a privilege. Those who didn't vote have no right to complain. I won't name anyone; otherwise, I'll never get out of here alive!"

- "Enough talking! We want to hear some singing!" shouts a monarch butterfly.

◉ Une chanson! Une chanson! scandent les maringouins.

◉ Je cours chercher ma guitare, précipite la cigale.

Pendant que **Cigoune** va chercher sa guitare oubliée, les spectateurs se lancent dans une séance d'improvisation digne d'une ligue universitaire. Dans un coin, les fourmis et dans l'autre, les mouches avec au centre **Fourmaise** elle-même promue arbitre.

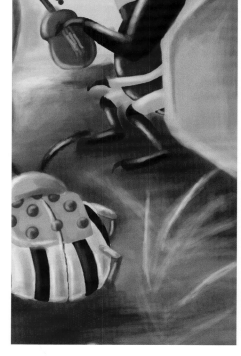

◉ ¡"Una canción! ¡Una canción!" Gritan los mosquitos.

◉ "Voy corriendo a buscar mi guitarra", dice precipitadamente la cigarra.

Mientras que **Cigoune** está buscando la guitarra olvidada, los espectadores se lanzan en una sesión de improvisación digna de una liga universitaria. En una esquina las hormigas y en la otra las moscas con **Fourmaise** en el centro auto promulgado árbitro.

◉ "A song! A song!, chant the mosquitoes.

◉ "I'll go get my guitar", stammers the cicada.

While **Cigoune** goes get the guitar she forgot, the audience embarks in an improvisation session worthy of a university league. In one corner, the ants and in the other, the flies with **Fourmaise** herself in the middle, promoted as referee.

Pour le décompte des votes, on distribue via les ailes blanches des papillons piéride un fragment de chou et sur les ailes jaunes des papillons-souffre un pétale de bouton d'or. Le vote se fera sous le regard des journalistes. Mais il s'en trouve pour murmurer que les médias aussi, sont corrompus.

◉ Passons aux discours. Improvisation mixte d'une durée de deux minutes avec limite de trois participants ayant pour thème : « Pour qui vais-je voter ? » Aux fourmis de commencer, dit le modérateur, un criquet qui donne alors le signal de départ. Chut !

Para contar los votos, se distribuyen, vía las alas blancas de las mariposas del repollo, un fragmento de repollo y sobre las alas de las mariposas de azufre, un pétalo de botón de oro. El voto se hará bajo el escrutinio de los periodistas. Pero hay quienes murmuran que los medios de comunicación están también corruptos.

◉ Pasemos a los discursos. Improvisación mixta de una duración de 2 minutos con límite de 3 participantes teniendo como tema: "¿Por quién voy a votar?", "las hormigas han de comenzar", dice el moderador, un grillo que da la señal de partida. "! Silencio!"¡Y

For the votes' tally, Pieridae butterflies' white wings distribute pieces of cabbage while the Sulphur butterflies' yellow wings distribute buttercup petals. The vote will take place under the supervision of journalists, but some whisper that media people are also corrupted.

◉ "Let's move to the speeches. Mixed improvisation, lasting 2 minutes, with a limit of 3 participants. Theme: For whom will I vote? Ants will go first", says the moderator. A grasshopper gives the signal to start." Hush! Here we go!"

Et c'est parti !

Les fourmis se concertent pour trouver des idées propres à faire réfléchir le peuple intrigué par ce nouveau genre de spectacle en même temps qu'avide d'en connaître le dénouement.

- ◉ Moi, je ne me pose jamais la question pour qui je vais voter. Je suis rouge des deux bords, se vante une fourmi rouge.

- ◉ Tu ne sais pas pour qui tu votes finalement, réplique une fourmi noire.

aquí van!

Las hormigas se concentran para encontrar ideas que hagan reflexionar al pueblo intrigado por ese nuevo género de espectáculo al mismo tiempo que ávido de conocer el desenlace.

- ◉ "Yo, nunca me hago la pregunta por quién voy a votar. Yo soy roja de los dos lados", alardea una hormiga roja.

- ◉ "Tu no sabes por quien votas finalmente", replica una hormiga negra.

Ants gather to find ideas for the people to reflect, intrigued by this new kind of show, yet avid to know how it turns out.

- ◉ "I never ask myself the question for whom I should vote. I'm red, through and through", brags a red ant.

- ◉ "So, finally, you don't know who you're voting for", responds a black ant.

◉ Moi, je vote blanc tout le temps, avance une fourmi albinos.

◉ C'est ton droit d'annuler ton vote, mais cela veut dire que tu n'auras rien à redire des décisions prises par le conseil municipal.

◉ De toute façon, une fois au pouvoir, ils se donnent toujours raison et l'opposition n'est jamais d'accord. Les décisions sont souvent prises sans consultation.

◉ "Yo siempre voto blanco", dice una hormiga albina.

◉ "Estás en tu derecho de anular tu voto, pero eso quiere decir que tu no tendrás derecho de palabra en cuanto a las decisiones tomadas por el consejo municipal.

◉ De todos modos, una vez en el poder, siempre terminan por darse razón y la oposición nunca está de acuerdo. Las decisiones se toman a menudo sin consultación.

◉ "I vote white all the time", says an albino ant.

◉ "It's your right to cancel your vote but that also means you won't be able to comment on any decisions made by the city council".

◉ "Either way, once in charge, they always think they're right and the opposition never agrees. Decisions are often made without consultation".

◉ Chut! siffle le criquet. Au tour des mouches maintenant.

Les mouches ont eu le temps de réfléchir pendant le jeu des fourmis. Elles sont gonflées à bloc; tellement gonflées qu'elles ne se rappellent plus ce qu'elles voulaient dire une fois dans l'arène. Et celle qui devait prendre la parole la première a un tel trac qu'elle est incapable de dire un seul mot, laissant ses coéquipières prises au dépourvu, si bien que les deux minutes s'écoulent sans que rien n'ait été dit. L'issue du vote est unanime : les fourmis l'emportent! La joute se poursuit.

◉ ¡Shhhh! Sopla el grillo. "Ahora es el turno de las moscas".

Las moscas tuvieron tiempo de pensar durante el juego de las hormigas. Están súper excitadas. Tan excitadas que, una vez en la arena, no se acuerdan de lo que querían decir, y la que debía hablar primero está tan nerviosa que es incapaz de decir una palabra, dejando a sus compañeras de equipo tan sorprendidas que los dos minutos pasan sin que se haya dicho nada. El resultado del voto es unánime: ¡ganan las hormigas! El torneo continúa.

◉ "Hush!" says the cricket. "Time for the flies now."

Flies had time to think during the ants' game. They're pumped up; so much so, in fact, that they forgot what they wanted to say once they got to the arena. The one who was supposed to speak first was so nervous that she was incapable of saying just one word, leaving her teammates reeling. Two minutes went by without a word being said. The vote is unanimous: the ants win! The game resumes.

🌀 Maintenant : improvisation solo d'une durée illimitée ayant pour thème : Que ferais-je à la place de la mairesse ? Aux gagnantes de commencer.

Les fourmis ont marqué des points mais les mouches ne baissent pas les pattes pour autant car elles visent le rapatriement de **Michou**, leur mairesse tombée en disgrâce.

🌀 Ahora, improvisación individual de una duración ilimitada teniendo como tema : "¿Que haría yo en el lugar de la alcaldesa?" A las ganadoras que comiencen.

Las hormigas han ganado puntos pero las moscas no bajan las patas por eso ya que ellas aspiran a la repatriación de **Michou**, su alcaldesa caída en desgracia.

🌀 "Now, solo improvisation, unlimited time limit, Theme: What would I do if I were the major? Winners start."

The ants scored points but the flies haven't given up since they're aiming for the return of **Michou**, their disgraced mayor.

73

Après le solo d'une fourmi-légionnaire intarissable, les mouches désignent une mouche bleue pour les représenter. Celle-ci se lance dans une tirade où elle vante ses propres qualités comme si de nouvelles élections se préparaient, en plus de parler avec le ton ennuyeux d'une politicienne prise au dépourvu.

Finalement les fourmis en tête, suivies des abeilles et des mouches, tout le parterre déserte la pelouse. Chacun reprend ses activités, non pas pour critiquer les élues ou louer leurs bons coups, mais en réfléchissant à la nécessité d'en avoir, des élus…

Después del solo de una hormiga legionaria inagotable, las moscas designan a una mosca azul para representarlas. Esta se lanza en un monólogo en la que alaba sus propias cualidades, como si las nuevas elecciones se prepararan, además de hablar con el tono aburrido de un político cogido de improvisto.

Finalmente, las hormigas delante, seguidas por las abejas y las moscas, todo el césped quedó abandonado. Cada cual reanuda sus actividades, no para criticar a las elegidas ni para alabar sus buenas jugadas sino reflexionando sobre la necesidad de tener, elegidos…

After the solo performance of an inexhaustible army ant, the flies designate a bluebottle to represent them. She goes on a tirade where she brags about her own qualities as if new elections were coming, speaking with the annoying tone of a reeling politician.

Finally, with the ants ahead and the bees and flies in tow, the crowd deserts the grass. They all resume their activities, not to criticize the elected or to boast about their success, but to reflect on the necessity of actually having elected officials

Quand la cigale **Cigoune** revint enfin avec sa précieuse guitare, telle n'est pas sa déception de se retrouver devant une salle vide. Vide ? Pas tout à fait. Une mouche est là. Et pas n'importe quelle mouche : **Michou**, revenue de son voyage dans l'autre fossé.

Cuando la cigarra **Cigoune** vuelve finalmente con su preciada guitarra, que decepción de encontrarse con una sala vacía. ¿Vacía? No completamente. Una mosca está allí. Y no cualquier mosca: **Michou**, de regreso de su viaje a la otra fosa.

When cicada **Cigoune** finally returns with her precious guitar, she is truly disappointment to find herself in front of an empty room. Empty? Not really. There is a fly there and not just any fly: **Michou** has returned from her trip in the other ditch.

Les deux collègues se jetèrent dans les pattes l'une de l'autre. **Cigoune** pardonne à **Michou** ses critiques personnelles. Et vice-versa. Les deux comparses se retrouvent dans de meilleures dispositions pour administrer la communauté en formant une coalition, en autant qu'on leur redonne une nouvelle chance. **Michou** revient avec un solide plan de redressement financier. La mairesse retrouve son fauteuil et **Cigoune** redevient sa conseillère particulière.

Las dos colegas se echan en las patas de la otra. **Cigoune** le perdona a **Michou** sus críticas personales y vice-versa. Las dos comparsas se encuentran en la mejor disposición para administrar la comunidad formando una coalición, siempre y cuando se les dé otra oportunidad. **Michou** regresa con un sólido plan de recuperación económica. La alcaldesa recupera su asiento y **Cigoune** es de nuevo su consejera particular.

The two colleagues hug one another. **Cigoune** forgives **Michou** for her personal attack, and vice versa. The friends decide to form a coalition as they are now in a better position to manage the community; as long as they are given a second chance. **Michou** returns with a solid financial turnaround plan. The mayor wins her seat back and **Cigoune** becomes once again her Private Secretary.

ÉPILOGUE

Peu à peu, la communauté des insectes du Grand Fossé retrouva sa tranquillité. L'été passe, loin des **Fourmaise** et des **Maria**, mais avec **Michou** toujours en poste. La mairesse devint plus élogieuse envers ses employés et surtout plus à l'écoute de ses citoyens et ce, jusqu'à la fin de son mandat qu'elle compléta avec brio. La démocratie avait fait un pas… en avant.

EPÍLOGO

Poco a poco, la comunidad de insectos de la Gran Fosa recobró su tranquilidad. El verano pasado, lejos de las **Fourmaise** y de las **María**, pero con **Michou** todavía en puesto. La alcaldesa se volvió más elogiosa hacia sus empleados y sobre todo más atenta a sus ciudadanos y esto, hasta el fin de su mandato que completó con energía. La democracia había dado un paso…hacia delante.

EPILOGUE

Slowly, the Grand Ditch insect community becomes peaceful again. Summer goes by, away from the **Fourmaises** and the **Marias**, but with **Michou** still in charge. The mayor started speaking more highly of her employees and most importantly, became more available for her citizens. She kept this up until the end of her term which she completed with flying colors. Democracy had taken a step forward.

Fourmaise de son côté se retira définitivement de la vie publique. **Maria** sortit guérie de sa cure fermée. Elle dirigea une école de ponte jusqu'à ce que sa ruche ne soit vidée de son miel par le fermier **Piquatout**, déçu de ne pas avoir récolté, de tout l'été, un seul insecte rare pour sa collection. Et pourtant… Le Grand Fossé est rempli de spécimens dignes de passer à l'histoire, mais personne ne se précipite dans ses filets pour finir épingler à un mur. Les observateurs comme les sceptiques demeurent aux aguets.

Fourmaise por su lado se retiró definitivamente de la vida pública. **María** salió curada de su reposo forzado. Dirigió una escuela de puesta hasta que su colmena fue vaciada de su miel por el granjero **Piquatout**, decepcionado por no haber capturado en todo el verano, un solo insecto raro para su colección. Y sin embargo…la gran fosa está llena de especímenes dignos de pasar a la historia, pero nadie se precipita en su red para terminar clavado a una pared. Tanto los observadores como los escépticos están al acecho.

As for **Fourmaise**, she left public life for good. **Maria** was discharged from her closed treatment, healed. She led a laying school until her hive was emptied of its honey by farmer **Piquatout**. The farmer was quite disappointed for not having found a single rare insect all summer for his collection. And yet…..The Grand Ditch is filled with specimens worthy of going down in history, but no one rushes in a net to end up pinned to a wall. Observers and skeptics alike remain vigilant.

La vie en société implique certes des débats, des déceptions et des combats, qui doivent mener à des décisions prises dans l'intérêt collectif. Le sens ultime de chaque vote se résume en quelques mots : tant qu'il y aura des points de vue à débattre, mais aussi de l'implication, de la vision et du respect, il y a de l'espoir pour la démocratie !

Es verdad que la vida en sociedad implica debates, decepciones y combates que deben llevar a decisiones tomadas en el interés colectivo. El sentido último de cada voto puede resumirse en pocas palabras: mientras haya puntos de vista que debatir, pero también implicación, visión y respeto, hay esperanza para la democracia.

Life in society definitely involves debates, disappointments and battles which must lead to decisions made in the interest of the collectivity. The ultimate sense of each vote sums up in a few words: as long as there will be points of view to debate, but also implication, vision and respect, there will be hope for democracy!

Les papillons ouvriers　　　Fourmaise　　　Maria　　　Cigoune

Le docteur fourmique

Michou

Le mille pattes

ROBERT DÉSILETS est un auteur prolifique. Après le succès du livre Calligrammes, Portraits et Tableaux publié en 2013, il nous propose cette fois le premier d'une collection de contes pour tous, publié en trois langues (français, anglais et espagnol) afin de rejoindre un lectorat international.

Cet auteur discret et attachant est un philosophe de la rue, ancien professeur de musique devenu artiste. Le chant choral est l'une de ses passions tout autant que l'implication dans sa vie de quartier. Dans ses moments de liberté, il s'installe à l'entrée du métro ou encore près d'un immeuble et il crée sur le vif ses calligrammes ou ses contes. Il sculpte ses coups de crayons avec justesse et humour, nous faisant découvrir des personnages, des émotions, des portraits avec un intérêt sans cesse renouvelé.

Robert Désilets

Écrire pour Robert Désilets, c'est laisser sa marque dans l'histoire d'une société trop pressée, semant dans le sol de l'imaginaire un mot à la fois. Sa grande culture se place ainsi au service de la créativité. Comme le disait Apollinaire « Créer une oeuvre d'art avec des mots » c'est rendre hommage à la vie dans toute sa simplicité.

Illustré par Hélène Roux, cet album couleur fera réfléchir les lecteurs de 8 à 108 ans sur les hauts et les bas de la démocratie, souvent utilisée au service des décideurs au lieu de donner au peuple le droit à l'expression de ses idéaux.

Hélène Roux

HÉLÈNE ROUX est née le 1er mars 1987 dans le nord de la France.

Hélène Roux est née le 1 mars 1987 dans le nord de la France. Passionnée de dessin, elle s'inscrit à des cours dès l'âge de 6 ans. Cette passion ne cesse de la guider vers l'appropriation de nouveaux outils.

À 16 ans, elle intègre l'institut Saint Luc de Tournai en Belgique, une école d'art réputée, où elle obtient son grade de bachelière en Arts plastiques. Elle part ensuite à Lyon rejoindre une école d'illustrations, puis termine son cursus à Supinfogame Rubika, une école de jeux vidéo. Elle obtient alors le diplôme de réalisateur vidéoludique et très attirée par le Québec réalise son stage de fin d'études à Montréal.

Après avoir travaillé 6 mois à Londres chez Square Enix, elle travaille actuellement en France pour un studio de jeux vidéo. Le défi d'illustrer l'album Démocratie a été intéressant pour la jeune artiste car il fait référence à une communauté très prolifique, aussi diversifiée que les profils humains, dans l'univers ludique des insectes.

DU MÊME AUTEUR

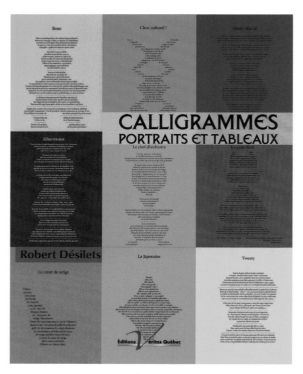

**Un art qui se perpétue
depuis Apollinaire**

Écrire un poème, slammer un texte, c'est lui insuffler de la vie. Mais en faire un calligramme représente un défi à la fois pour l'expression et la disposition des mots. Robert Désilets a sculpté plus de 500 calligrammes au fil de sa plume, les dédiant à ses amis et à des inconnus qui l'inspirent. Ces tableaux étonnent, font sourire, inspirent un humaniste où le regard ne juge personne. L'auteur a exposé et commenté ses œuvres dans le cadre de plusieurs expositions dans son quartier de Notre-Dame-de-Grâce à Montréal.

L'éditrice

Sourire en coin, regard fonceur,
l'immuable Marie est toujours busy-busy,
pour employer une expression contraire à la langue
française qu'elle défend tout azimuts. C'est une chance
extraordinaire que j'ai de pouvoir travailler avec cette femme
d'affaires remarquable, sinon redoutable,
avec qui j'ai été mis en contact par mon bon
voisin monsieur Henri Lelion, prof à l'UQAM
où j'ai gradué en éducation musicale. Les notes
transformées en mots, Marie a publié mon livre
« Calligrammes, Portraits et Tableaux » avec
une telle rapidité que j'en suis encore étonné.
Le lancement auquel ont contribué quelques
commanditaires a rallié toute la famille et
tout le voisinage, plusieurs ayant leurs
portraits dans mon livre, pour me
propulser dans les nuages sans
qu'il n'y ait d'orage. Je suis
depuis sur un tapis volant !

Marie a, par la suite, multiplié les
démarches pour me donner plus de visibilité.
Nous travaillons dans les meilleures conditions sans
qu'il n'y ait d'ombre à l'horizon. Nous communiquons
surtout par internet. À mes messages élaborés, elle me
livre des réponses simples et brèves, privilégiant la
« simplicité volontaire des mots ». Bien que nous
nous écrivons plus que nous parlons,
c'est toujours un plaisir d'entendre sa
voix chaleureuse et enthousiaste,
rassurante et encourageante.

Travaillant le jour, lisant la nuit, Marie
ne connaît pas de répit. Ardente défenderesse de la
littérature québécoise dont elle est une vibrante porte-parole,
il n'y a rien a son épreuve. Fondatrice de l'Association Québécoise
des Éditeurs Indépendants dont elle assume la présidence avec brio,
elle mène plusieurs projets de front. La femme au grand cœur répare
même les plumes brisées ! Déterminée, elle repousse les limites du
possible en transformant les notes d'un simple carnet de voyage
en un splendide ouvrage ! Marie est une force de la nature, une
battante, une lionne devant qui on s'incline de bonne grâce.
Elle ne connaît pas l'échec sur l'échiquier de l'édition où
elle m'a fait passer de pion à cavalier. Il conviendrait
d'appeler celle qui a déjà travaillé au pays des
inukshuks par : « Femme debout » !

DANS LA MÊME COLLECTION

Benoît Dubé

Un conte initiatique
en Français, Anglais
et Espagnol POUR LES
PETITS ET LES GRANDS
SUR LA RECHERCHE DE
L'HARMONIE

*Disponible en versions
imprimée et numérique*

www.editionsveritasquebec.com
www.enlibrairie-aqei.com
www.editeurs-aqei.conf

Éditions Véritas Québec
2555, avenue Havre-des-Îles
Suite 118
Laval (Qc) H7W 4R4
Tél. et boite vocale : (450) 687-3826

Diane Bergeron

**« Tu peux créer ta
magie avec tes propres
crayons de couleurs.
Ce livre deviendra une
œuvre d'ART unique ! »**

mamiebranchee@gmail.com

www.editionsveritasquebec.com
www.enlibrairie-aqei.com
www.editeurs-aqei.com

Éditions Véritas Québec
2555, avenue Havre-des-Îles
Suite 118
Laval (Qc) H7W 4R4
Tél. et boite vocale : (450) 687-3826

Katrine Labelle

Un conte universel
en Français, Anglais et Espagnol
POUR LES
PETITS ET LES GRANDS
SUR L'ACCEPTATION
DE LA MORT ET DU DEUIL

*Disponible en version
imprimée et numérique*

www.editionsveritasquebec.com
www.enlibrairie-aqei.com
www.editeurs-aqei.com

ÉDITIONS VÉRITAS QUÉBEC
2555, avenue Havre-des-Îles
Suite 715, Laval, (Québec)
H7W 4R4
Tél. et boîte vocale : 450-687-3826

Vous avez aimé ce livre?

PARLEZ-EN À VOS AMIS

Découvrez aussi nos prochaines publications

www.editionsveritasquebec.com

Les Éditions Véritas sont membres de l'AQÉI,
www.editeurs-aqei.com

Formats numériques disponibles sur
www.enlibrairie-aqei.com

Tous nos livres imprimés sont distribués
en librairie par Édipresse
ÉDIPRESSE

Achevé d'imprimer au Québec
en mai 2015